Romy Fischer

Traumhaft schöne
MÜTZEN
häkeln

Romy Fischer

Traumhaft schöne
MÜTZEN
häkeln

Mehr Informationen, YouTube-Kanal, Crazypatterns etc. auf:
www.romyfischer.de
www.facebook.com/romyfischerarts
www.twitter.com/RomyFischerArts
www.youtube.com/user/romyfischer
www.crazypatterns.net/de/store/RomyFischer
Instagram: romyfischersworld

Bibliographische Information Der Deutschen Bibliothek
Die Deutsche Bibliothek verzeichnet diese Publikation in der Deutschen
Nationalbibliographie; detaillierte bibliographische Daten sind im Internet über
http://dnb.ddb.de abrufbar

Bibliographic information published by Die Deutsche Bibliothek. Die Deutsche Bibliothek
lists this publication in the Deutsche Nationalbibliographie; detailed bibliographic data are
available in the Internet at
http://dnb.ddb.de

Die in diesem Buch gemachten Angaben wurden sorgfältig überprüft.
Es kann jedoch keine Garantie oder Haftung für ihre Richtigkeit übernommen werden.

Herstellung und Verlag: BoD – Books on Demand, Norderstedt
Dieses Buch wurde im On-Demand-Verfahren hergestellt.

MIX
Papier aus verantwortungsvollen Quellen
Paper from responsible sources
FSC® C105338
FSC
www.fsc.org

Inhalt:

Abkürzungen & Erläuterungen

Mützen sind ein Accesoire, mit dem man wunderschöne Akzente setzen kann. In diesem Buch stelle ich ein paar Modelle vor, die man wunderbar nacharbeiten kann – ob für Anfänger oder Fortgeschrittene.
Egal ob eine klassische Mütze, eine Beanie,einen Winterhut oder eine lässige Ballonmütze mit Schirm. Ob schlicht und sportlich, elegant, ob mit auffälligem Zopfmuster, knallbunt oder einfarbig.
Die Modelle sind auf unterschiedliche Größen anpassbar.

Folgende Abkürzungen findest du in diesem Buch mit folgenden Bedeutungen bei Häkelmodellen:

M = Masche
R = Reihe
Rd = Runde (die Modelle in diesem Buch werden in Spiralrunden gehäkelt)
LM = Luftmasche
W-LM = Wendeluftmasche
fM = feste Masche
DM = doppelte Masche (2 Maschen in 1 Masche häkeln)
hStb = halbes Stäbchen
Stb = Stäbchen
DStb = doppeltes Stäbchen
3fStb = Dreifachstäbchen
4fStb = Vierfachstäbchen
R-Stb (vorne oder hinten) = Relief-Stäbchen (vorne oder hinten)
R-DStb (vorne oder hinten) = Relief-Doppelstäbchen (vorne oder hinten)
R-3fStb (vorne oder hinten) = Relief-Dreifachstäbchen (vorne oder hinten)
R-4fStb (vorne oder hinten) = Relief-Vierfachstäbchen (vorne oder hinten)
KM = Kettmasche
2M zus.abgem. = 2 Maschen zusammen abgemascht
M-Glied =Maschenglied
Wdh = wiederholen
Überspr = überspringen

Da ich die Meinung vertrete, dass es für blutige Anfänger, die zum ersten Mal eine Häkelnadel in der Hand halten, immer besser ist, das Häkeln mittels bewegter Bilder zu lernen, als nur anhand von Fotos, verzichte ich in meinen Büchern in der Regel auf einen Anfängerkurs und verweise an dieser Stelle auf meinen YouTube-Kanal, auf dem man einen sehr ausführlichen Anfänger-Häkelkurs in vielen einzelnen Teilen und zu vielen Maschenarten findet, der auch immer wieder aktualisiert und erweitert wird.
Meinen YouTube-Kanal findest du unter
http://www.youtube.com/user/romyfischer

An dieser Stelle möchte ich jedoch generell auf das Mützen häkeln eingehen und ein paar Grundlagen erklären, wie man die Mützen auf jeden Kopfumfang anpassen kann (außer die Ballonmütze mit Schirm).
Es gibt zwei Varianten, wie Mützen gehäkelt werden: von oben nach unten und von unten nach oben. Für beide Varianten gibt es unterschiedliche Wege, wie man die Mütze anpassen kann. Das wichtigste Utensil hierfür ist immer ein Maßband. Wenn man eine Mütze von oben nach unten häkelt, sollte man zusätzlich auch einen Taschenrechner zur Hand haben.

Variante von unten nach oben:

Dies ist der einfachere Weg. Man kann eine Luftmaschenkette häkeln, die lang genug ist, dass sie einmal um den Kopf herum passt, bis sich Anfangs- und Endmasche berühren. Oder aber man misst mit einem Maßband den Kopfumfang und häkelt eine Luftmaschenkette in der passenden cm-Länge (du solltest natürlich darauf achten, dass es für einige Modelle Angaben gibt, durch welche Zahl die Anzahl der Maschen teilbar sein muss, damit du das Muster auch häkeln kannst).

Variante von oben nach unten:

Du misst mit einem Maßband den Kopfumfang.
Anschließend rechnest du: Kopfumfang : 3,14 = X
X ist die Zahl des Durchmessers, den der Mützenteller erreichen muss, um die Größe des Kopfumfangs zu bekommen. Mit Mützenteller ist die runde Fläche

gemeint, die während der ersten gehäkelten Zunahmerunden entsteht. Mit dem Maßband bewaffnet hast du stets im Überblick, ob du schon den benötigten Durchmesser erreicht hast, oder ob du noch weitere Zunahmerunden benötigst. Sobald du den benötigten Durchmesser erarbeitet hast, benötigst du keine weiteren Zunahmen mehr und kannst normal weiterhäkeln.

Erklärungen zu Zopf- und anderen Reliefmustern

Einige Mützen in diesem Buch haben Zopf- und andere Reliefmuster. Da sie auf Anhieb nicht immer für jeden verständlich sind, möchte ich an dieser Stelle einen kleinen Exkurs zum Thema Zöpfe häkeln einfügen.

Zöpfe häkeln entsteht durch Verkreuzungen. Das bedeutet, dass zunächst eine bestimmte Anzahl an Maschen übersprungen werden, danach eine bestimmte Anzahl an Maschen gehäkelt und anschließend auch die übersprungenen Maschen quasi über Kreuz gehäkelt werden.
Hierfür gibt es unterschiedliche Techniken.

Beispiel: 2M überspr, 2R-DStb vorne, 2R-DStb **vorne** (hinter die 1. Maschengruppe um die übersprungenen M)

Damit ist folgendes gemeint:

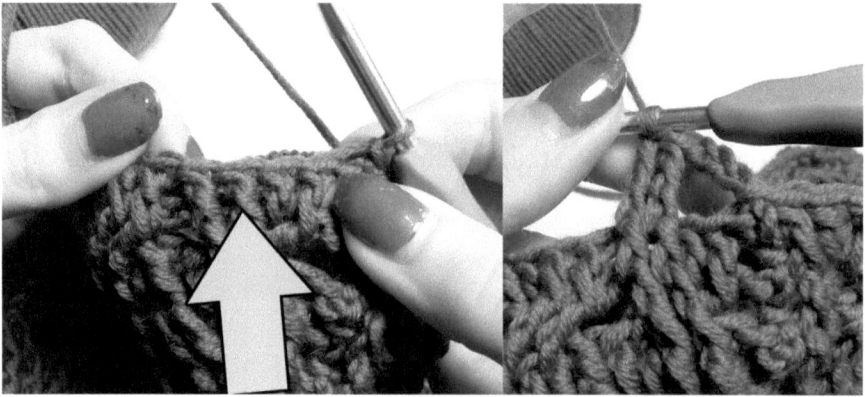

2 Maschen überspringen und zur 3. Masche gehen. Dort und auch in der 4. Masche 2 Relief-Doppelstäbchen von vorne häkeln

Mit der Nadel hinter die 2 Relief-Doppelstäbchen gehen zu der 1. Masche, die übersprungen wurde. Dort und auch um die 2. Übersprungene Masche herum jeweils 1 Relief-Doppelstäbchen von vorne häkeln.

Das Ergebnis sollte danach so aussehen: Eine diagonale Linie von oben rechts nach unten links.

Des Weiteren wirst du auch folgendes in der Anleitung lesen: „2M überspr, 2R-DStb vorne, 2R-DStb vorne (vor die 1. Maschengruppe um die übersprunge-nen M)", und damit ist folgendes gemeint:

2 Maschen überspringen und 2 Relief-Doppelstäbchen von vorne häkeln.

Zu den 2 übersprungenen Maschen zurückgehen und 2 Relief-Doppelstäbchen von vorne häkeln (hier jedoch VOR oder ÜBER der 1. Maschengruppe, nicht wie eben hinter der 1. Maschengruppe)

Im Anschluss müsste es dann so aussehen: eine diagonale Linie von unten rechts nach oben links.

Mützenöffnung verschließen

Mützen, die von unten nach oben gehäkelt werden, haben oben eine Öffnung, die selbstverständlich verschlossen werden muss. Hierfür ist es wichtig, dass du beim Abmaschen einen langen Faden dranlässt (ca. 30-40cm). Danach wendest du die Mütze, so dass die Innenseite außen ist. Mit einer Wollnadel fädelst du den Faden wie beim Weben durch jede Masche der letzten Runde. Nach einigen Maschen solltest du den Faden immer mal wieder durchziehen und stramm festziehen, so dass sich das Häkelstück kräuselt und zusammenzieht. Hast du diesen Schritt einmal ringsherum gemacht, bleibt noch eine kleine Öffnung, die du mit wenigen Stichen je 1x waagerecht, senkrecht und 2x diagonal schließt. Im Anschluss einen Doppelknoten machen und den Faden vernähen.

Mütze Paradies

Material:

- Für Erwachsenengröße ca. 3 Knäule à 50g (= 150g) „Merino extrafine 120" von Rellana verbraucht, in der Farbe Nr. 17 (fuchsia); für Kindergrößen bis Ende Grundschulalter reichen auch 2 Knäule aus; erhältlich in meinem Online-Shop auf www.romyfischer.de
- Häkelnadel 4,0
- Schere und Wollnadel
- Ggf. Maßband

Größe: für jede Größe anpassbar, egal ob für Kinder oder Erwachsene

Ich habe 80LM gehäkelt (die Maschenzahl muss zunächst unbedingt teilbar durch 2 sein) und mit 1KM zur Rd geschlossen.

Zunächst beginnst du mit dem Bündchen

Rd 1: 3LM (zählt als 1Stb), in jede M 1Stb häkeln = insgesamt 80Stb, mit 1KM in die 3. LM vom Anfang zur Rd schließen

Rd 2-4: 2LM (zählt als 1. R-Stb), *1R-Stb vorne, 1R-Stb hinten, ab * wdh, mit 1KM in die 2. LM vom Anfang zur Rd schließen

In Rd 5 wird nochmal eine Grundrunde gehäkelt.

Aber Achtung: die Maschenzahl muss gleich teilbar sein durch 11. Ist deine bisherige Maschenzahl nicht teilbar durch 11, solltest du entsprechend in Rd 5 entweder Abnahmen häkeln oder Zunahmen. Da ich bisher 80 Maschen hatte, habe ich mich dafür entschieden, auf 77 runterzugehen, denn 80 ist nicht teilbar durch 11. Also musste ich verteilt über die ganze Runde 5 insgesamt 3M abnehmen. Wäre ich auf 88 hochgegangen, hätte ich natürlich noch 8M zunehmen müssen in Rd 5.

Hinweis: Nimm nicht zu viele Maschen ab. Sollte es sich um 1 bis maximal 3M handeln, ist es ok, aber ansonsten könnte die Mütze dann zu eng werden. Dann entscheide dich lieber für die nächst höhere Zahl.
Die Zu- oder Abnahmen bitte nicht alle direkt hintereinander häkeln, sondern gleichmäßig verteilt über die gesamte Runde.

Zunahmen: 2Stb in 1M häkeln

Abnahmen: 1Stb zur Hälfte abmaschen, in die nächste M 1Stb häkeln und zur Hälfte abmaschen. Dann hat man 3 Schlaufen auf der Nadel, die alle zusammen abgemascht werden.

Rd 5: 3LM, in jede M 1 Stb und am Ende mit 1KM in die oberste LM vom Anfang zur Rd schließen

Es kann sein – falls du ein anderes Garn und eine andere Nadelstärke verwendest, dass du vielleicht mehr oder weniger Runden für das Bündchen gehäkelt hast, bis es deine Wunschhöhe erreicht hat.
Damit niemand beim Rundenzählen durcheinanderkommt, beginne ich für das Hauptmuster bei der Rundenzählung ab jetzt wieder bei 1 – so ist es für alle am einfachsten.

Das Hauptmuster:

Rd 1: 3LM, *2M überspr, 2R-DStb vorne, 2R-DStb vorne (hinter die 1. Maschengruppe um die übersprungenen M), 2M überspr, 2R-DStb vorne, 2R-DStb vorne (vor die 1. Maschengruppe um die übersprungenen M), 1Stb, 1R-Stb vorne, 1R-Stb vorne, ab * wdh, Ende mit 1Stb, 1R-Stb vorne, 1KM in 3. LM vom Anfang

Rd 2 + 4 + 6: 3LM, *8R-Stb vorne, 1Stb, 1R-Stb vorne, 1Stb, ab * wdh, Ende mit 1Stb, 1R-Stb vorne, 1KM in 2. LM vom Anfang

Rd 3: 3LM, *2 R-Stb vorne, 2M überspr, 2R-DStb vorne, 2R-DStb vorne (vor die 1. Maschengruppe um die übersprungenen M), 2R-Stb vorne, 1Stb, 1RStb vorne, 1Stb, ab * wdh, Ende mit 1KM in die 2. LM vom Anfang

Rd 5: 3LM, *2M überspr, 2R-DStb vorne, 2R-DStb vorne (vor die 1. Maschengruppe um die übersprungenen M), 2M überspr, 2R-DStb vorne, 2R-DStb vorne (hinter die 1. Maschengruppe um die übersprungenen M), 1Stb, 1R-Stb vorne, 1Stb, ab * wdh, Ende mit 1KM in die 3. LM vom Anfang

Die Runden 1-6 vom Hauptmuster werden für eine Erwachsenenmütze 4x wiederholt, für eine Kindermütze 3x wiederholt.

Hier folgt die Häkelschrift für das Hauptmuster:

$\dagger$ = Stäbchen

$\downarrow\!\!\dagger$ = Relief-Stäbchen vorne

= 2M überspr, 2R-DStb vorne, 2R-DStb vorne um die 2 übersprungenen Maschen

= 2M überspr, 2R-DStb vorne, 2R-DStb vorne (hinter die 1. M-Gr um die 2 übersprungenen Maschen

Nach der letzten KM mit 1LM abmaschen und einen langen Faden dranlassen (ca. 50cm).
Die Mütze auf links drehen, so dass die Innenseite nach außen zeigt.

Nun wird oben die Öffnung geschlossen, wie im Erläuterungskapitel am Anfang des Buches erklärt.

Mütze Körbli

Material:

- 2 Knäule à 50g (= 100g) „Merino extrafine 120" von Rellana, in der Farbe Nr. 22 (royal); erhältlich in meinem Online-Shop auf www.romyfischer.de
- Häkelnadel 4,0
- Schere und Wollnadel
- Ggf. Maßband

Größe: für jede Größe anpassbar, egal ob für Kinder oder Erwachsene

Ich habe 80LM gehäkelt (die Maschenzahl muss unbedingt teilbar durch 8 sein) und mit 1KM zur Rd geschlossen.

Zunächst beginnst du mit dem Bündchen

Rd 1: 3LM (zählt als 1Stb), in jede M 1Stb häkeln = insgesamt 80Stb, mit 1KM in die 3. LM vom Anfang zur Rd schließen

Rd 2-4: 2LM (zählt als 1. R-Stb), *1R-Stb vorne, 1R-Stb hinten, ab * wdh, mit 1KM in die 2. LM vom Anfang zur Rd schließen

In Rd 5 wird nochmal eine Grundrunde gehäkelt.

Rd 5: 3LM, in jede M = 1Stb, Ende mit 1KM in die 3. LM vom Anfang

Nun folgt das Hauptmuster:

Rd 6 + 7: 2LM, *4R-Stb vorne, 4R-Stb hinten, ab * wdh, Ende der Rd mit 3R-Stb hinten, 1KM in die 2. LM vom Anfang

Rd 8: 3LM, in jede M = 1Stb, Ende mit 1KM in die 3. LM vom Anfang

Rd 9 + 10: 2LM, *4R-Stb hinten, 4R-Stb vorne, ab * wdh, Ende der Rd mit 3R-Stb vorne, 1KM in die 2. LM vom Anfang

Rd 11: 3LM, in jede M = 1Stb, Ende der Rd mit 1KM in die 3. LM vom Anfang

Die Rd 6-11 werden stets wiederholt.

Ich selbst habe für mein Modell insgesamt 2x hintereinander das Hauptmuster Rd 6-11 gehäkelt und zusätzlich noch 1x Rd 6 + 7

In Rd 20 findet eine Abnahmerunde statt: 3LM, 1Stb, und dann stets 2Stb zusammen abmaschen.

Danach abmaschen und einen längeren Faden dran lassen.
Die Öffnung der Mütze wird, wie in den Erläuteungen im ersten Kapitel dieses Buchs erklärt, zusammengenäht und geschlossen.
Abschließend alle Fäden vernähen.

Hier folgt nun die Häkelschrift:

ʃʃʃʃttt 10
ʃʃʃʃtttt 9
tttt tttt 8
tttt ʃʃʃʃ 7
tttt ʃʃʃʃ 6
tttttttt 5

† = **Stäbchen**

t = Relief-Stäbchen von hinten

ʃ = Relief-Stäbchen von vorne

Winterhut mit Schleife

Material:

- Acrylwolle in schwarz (2x) und lila (1x); Original „Tempo" von G-B-Wolle (Lauflänge 52m/50g)
- Häkelnadel 6,0
- Wollnadel
- Schere
- ggf. Stecknadeln

Hut

In schwarz beginnend

Rd 1: 2LM (= das 1. hStb), in einen Fadenring 8hStb häkeln und mit 1KM in die 1. LM am Anfang zur Runde verschließen

Rd 2: 2LM und 1hStb in die gleiche M, 7x alle M verdoppeln (mit hStb), 1KM in die 1.LM (18M)

Rd 3: 2LM, 2hStb in 1M, 8x (1hStb, 2hStb in 1M), 1Km in die 1. LM (27M)

Rd 4: 2LM, 1hStb, 2hStb in 1M, 8x (2hStb, 2hStb in 1M), 1KM in die 1.LM (36M)

Rd 5: 2LM, 2hStb, 2hStb in 1M, 8x (3hStb, 2hStb in 1M), 1KM in die 1.LM (45M)

Rd 6: 2LM, 3hStb, 2hStb in 1M, 8x (4hStb, 2hStb in 1M), 1KM in die 1.LM (54M)

Rd 7-12: 2LM, 53hStb, 1KM in die 1. LM (54M)

Farbwechsel in lila

Rd 13-15: 2LM, 53hStb, 1KM in die 1. LM (54M)

Farbwechsel in schwarz

Rd 16: 2LM, 53hStb in das vordere M-Glied, 1KM in die 1. LM (54M)

Rd 17: 2LM, 2hStb in 1M, *1hStb, 2hStb in 1M, ab * wdh, am Ende 1KM in die 1. LM (81M)

Rd 18: 2LM, 80hStb, 1KM in die 1. LM (81M)

Rd 19: 2LM, 1hStb, 2hStb in 1M, * 2hStb, 2hStb in 1M, ab * wdh, am Ende 1KM in die 1. LM (108M)

Abmaschen, den Faden vernähen.
Die Mütze auf links ziehen und ggf. oben die kleine Öffnung, falls vorhanden, zunähen.

Schleife (lila)

31LM häkeln und mit 1KM zur Runde schließen (hierbei darauf achten, dass die LM-Kette nicht in sich verdreht ist)

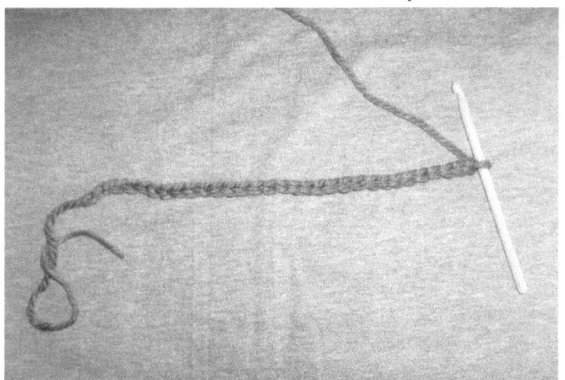 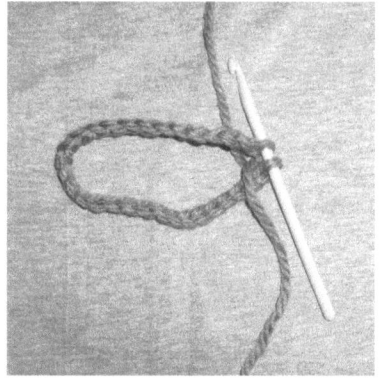

Insgesamt 4 Runden fM häkeln und mit 1KM und 1LM abmaschen.
Einen längeren Faden lassen (ca. 70-80cm). Die Schlaufe, die gehäkelt wurde, flach hinlegen, so dass der abgeschnittene Faden auf der Rückseite in der Mitte liegt. Diesen dann nehmen und mehrere Male so fest es geht mittig umwickeln.

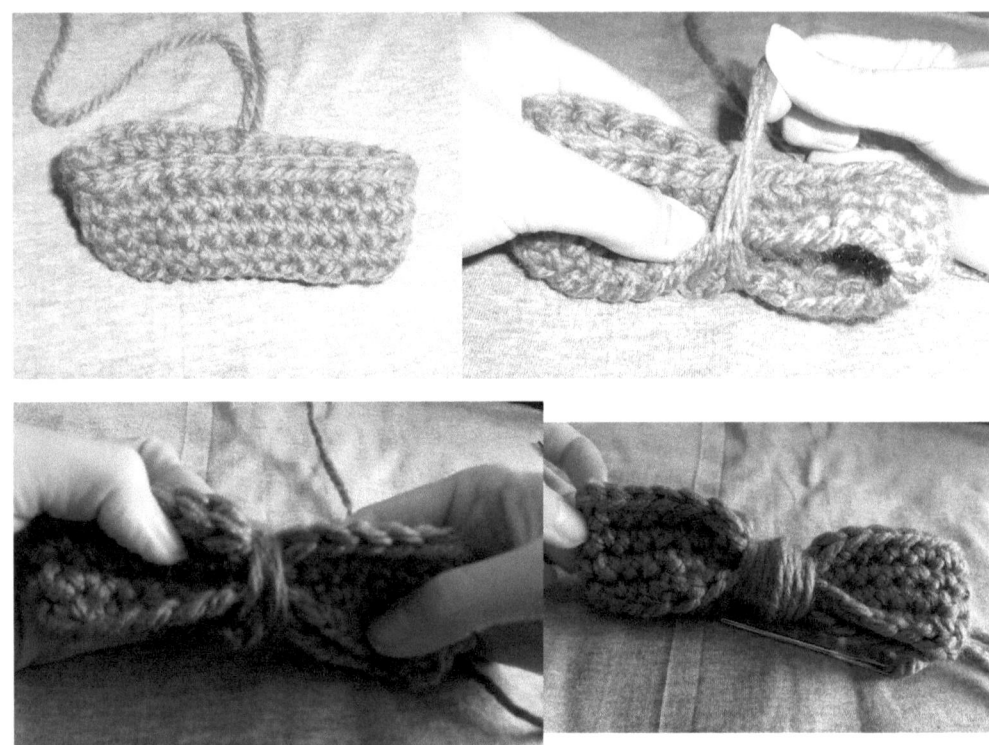

So entsteht die Schleife. Sobald du fertig bist mit dem Umwickeln, den Faden auf der Rückseite fest verknoten – hierfür habe ich den Faden vorsichtig in die Wollnadel eingefädelt und auf der Rückseite durch die gewickelten Fäden gestochen. Dort dann einen Doppelknoten machen und noch ein paar Mal durch die Fäden stechen. Den restlichen Faden zum Annähen an den Hut dran lassen.

Ballonmütze mit Schirm

Material:

- 1 x Passion (von Rellana; Farbnr. 13; 150g/210m; erhältlich über meinen Shop auf www.romyfischer.de)
- Häkelnadel 7,0 + 8,0
- Schere und Wollnadel

Größe: für einen Kopfumfang bis ca. 54cm
Der Beginn wird mit Nadelstärke 8,0 gearbeitet.

Rd 1: in einen Fadenring 3LM (zählt als 1. Stb) und 14Stb häkeln, mit 1KM in die 3. LM vom Anfang zur Rd schließen

Rd 2: jede M verdoppeln, d.h. in jede M 2Stb häkeln, mit 3LM (zählt als 1. Stb) beginnen und mit 1KM in die 3. LM vom Anfang zur Rd schließen

Rd 3: 3LM (zählt als 1. Stb), 2 Relief-Stb von hinten; und stets im Wechsel: 1 Relief-Stb von vorne, 2 Relief-Stb von hinten, mit 1KM in die 3. LM vom Anfang zur Rd schließen

Rd 4: 3LM, alle M wie in Rd 3 häkeln, jedoch die Relief-Stb von hinten werden verdoppelt, also 2 Relief-Stb von hinten in 1M arbeiten, mit 1KM in die 3. LM vom Anfang zur Rd schließen

Rd 5: 3LM, alle M wie in Rd 3 häkeln, jedoch das 1. Und 4. Relief-Stb von hinten verdoppeln, mit 1KM in die 3. LM vom Anfang zur Rd schließen

Rd 6-9: 3LM, alle M wie in Rd 5 häkeln, nur komplett ohne Zunahmen, mit 1KM in die 3. LM vom Anfang zur Rd schließen

Rd 10: 3LM, alle M wie in Rd 6-9 häkeln, jedoch werden die 1. + 2., sowie die 5. + 6. Relief-Stb von hinten zusammen abgemascht (M abnehmen), mit 1KM zur Rd schließen

Rd 11: 3LM, alle M wie in Rd 6-9 häkeln, jedoch werden die beiden mittleren Relief-Stb von hinten zusammen abgemascht (M abnehmen), mit 1KM zur Rd schließen

Von nun an mit Nadelstärke 7,0 weiterhäkeln.

Rd 12-13: 1LM + 1fM in die gleiche M, durchgehend fM arbeiten, mit 1KM in die LM vom Anfang zur Rd schließen

Nun wird der Schirm gearbeitet – ebenfalls weiterhin mit Nadelstärke 7,0:

R 1: 16x 2fM in 1M arbeiten + 1 W-LM
R 2-6: 2M zus.abgem., Rest der R durchgehend fM + 1 W-LM

Im Anschluss 1 Rd fM um die gesamte Mütze herum, danach mit 1LM abmaschen, Fäden vernähen, fertig.

Mütze Fantastico

Material:

- 3 Knäule à 50g (= 150g) „Merino extrafine 120" von Rellana, je 1x in den Farben 17, 35 und 70; erhältlich in meinem Online-Shop auf www.romyfischer.de
- Fell-Pompon „Waschbär" (Racoon) Nr. 3 mit Druckknopf von Rellana (Kunstfell; 100% Polyacryl)
- Häkelnadel 4,0
- Schere und Wollnadel, sowie Nähgarn/Nadel
- Ggf. Maßband

Größe: für jede Größe anpassbar, egal ob für Kinder oder Erwachsene

Ich habe mit der Farbe Nr. 17 begonnen und 80LM gehäkelt (die Maschenzahl muss unbedingt teilbar durch 20 sein) und mit 1KM zur Rd geschlossen.

Zunächst beginnst du mit dem Bündchen

Rd 1: 3LM (zählt als 1Stb), in jede M 1Stb häkeln = insgesamt 80Stb, mit 1KM in die 3. LM vom Anfang zur Rd schließen

Rd 2-4: 2LM (zählt als 1. R-Stb), *1R-Stb vorne, 1R-Stb hinten, ab * wdh, mit 1KM in die 2. LM vom Anfang zur Rd schließen

In Rd 5 wird nochmal eine Grundrunde gehäkelt, bevor ab Rd 6 das Hauptmuster gehäkelt wird.

Rd 5: 3LM, danach in jede M = 1Stb, am Ende mit 1KM in die 3. LM vom Anfang zur Rd schließen

Das Hauptmuster:

Rd 6: 3LM, 1Stb, 2M überspr, 2R-DStb vorne, 2R-DStb vorne (hinter die 1. Maschengruppe um die übersprungenen M), 2M überspr, 2R-DStb vorne, 2R-DStb vorne (vor die 1. Maschengruppe um die übersprungenen M), 2Stb, 2M überspr, 2R-DStb vorne, 2R-DStb vorne (vor die 1. Maschengruppe um die übersprungenen M), 2M überspr, 2R-DStb vorne, 2R-DStb vorne (hinter die 1. Maschengruppe um die übersprungenen M), *2Stb, 2M überspr, 2R-DStb vorne, 2R-DStb vorne (hinter die 1. Maschengruppe um die übersprungenen M), 2M überspr, 2R-DStb vorne, 2R-DStb vorne (vor die 1. Maschengruppe um die übersprungenen M), 2Stb, 2M überspr, 2R-DStb vorne, 2R-DStb vorne (vor die 1. Maschengruppe um die übersprungenen M), 2M überspr, 2R-DStb vorne, 2R-DStb vorne (hinter die 1. Maschengruppe um die übersprungenen M), ab *wdh, Ende der Rd mit 1KM in die 3. LM vom Anfang

Rd 7: 3LM, 1Stb, 8R-Stb vorne, *2Stb, 8R-Stb vorne, ab * wdh, Ende der Rd mit 1KM in die 3. LM vom Anfang

Rd 8: 3LM, 1Stb, 2M überspr, 2R-DStb vorne, 2R-DStb vorne (hinter die 1. Maschengruppe um die übersprungenen M), 2M überspr, 2R-DStb vorne, 2R-DStb vorne (vor die 1. Maschengruppe um die übersprungenen M), 2Stb, 2M überspr, 2R-DStb vorne, 2R-DStb vorne (vor die 1. Maschengruppe um die übersprungenen M), 2M überspr, 2R-DStb vorne, 2R-DStb vorne (hinter die 1. Maschengruppe um die übersprungenen M), *2Stb, 2M überspr, 2R-DStb vorne, 2R-DStb vorne (hinter die 1. Maschengruppe um die übersprungenen M), 2M überspr, 2R-DStb vorne, 2R-DStb vorne (vor die 1. Maschengruppe um die übersprungenen M), 2Stb, 2M überspr, 2R-DStb vorne, 2R-DStb vorne (vor die 1. Maschengruppe um die übersprungenen M), 2M überspr, 2R-DStb vorne, 2R-DStb vorne (hinter die 1. Maschengruppe um die übersprungenen M), ab *wdh, Ende der Rd mit 1KM in die 3. LM vom Anfang

Rd 9: 3LM, 1Stb, 8R-Stb vorne, *2Stb, 8R-Stb vorne, ab * wdh, Ende der Rd mit 1KM in die 3. LM vom Anfang

Rd 10: 3LM, 1Stb, 2M überspr, 2R-DStb vorne, 2R-DStb vorne (vor die 1. Maschengruppe um die übersprungenen M), 2M überspr, 2R-DStb vorne, 2R-DStb vorne (hinter die 1. Maschengruppe um die übersprungenen M), 2Stb, 2M überspr, 2R-DStb vorne, 2R-DStb vorne (hinter die 1. Maschengruppe um die übersprungenen M), 2M überspr, 2R-DStb vorne, 2R-DStb vorne (vor die 1. Maschengruppe um die übersprungenen M), *2Stb, 2M überspr, 2R-DStb vorne, 2R-DStb vorne (vor die 1. Maschengruppe um die übersprungenen M), 2M überspr, 2R-DStb vorne, 2R-DStb vorne (hinter die 1. Maschengruppe um die übersprungenen M), 2Stb, 2M überspr, 2R-DStb vorne, 2R-DStb vorne (hinter die 1. Maschengruppe um die übersprungenen M), 2M überspr, 2R-DStb vorne, 2R-DStb vorne (vor die 1. Maschengruppe um die übersprungenen M), ab *wdh, Ende der Rd mit 1KM in die 3. LM vom Anfang

Rd 11: 3LM, 1Stb, 8R-Stb vorne, *2Stb, 8R-Stb vorne, ab * wdh, Ende der Rd mit 1KM in die 3. LM vom Anfang

Rd 12: 3LM, 1Stb, 2M überspr, 2R-DStb vorne, 2R-DStb vorne (vor die 1. Maschengruppe um die übersprungenen M), 2M überspr, 2R-DStb vorne, 2R-DStb vorne (hinter die 1. Maschengruppe um die übersprungenen M), 2Stb, 2M überspr, 2R-DStb vorne, 2R-DStb vorne (hinter die 1. Maschengruppe um die übersprungenen M), 2M überspr, 2R-DStb vorne, 2R-DStb vorne (vor die 1. Maschengruppe um die übersprungenen M), *2Stb, 2M überspr, 2R-DStb vorne, 2R-DStb vorne (vor die 1. Maschengruppe um die übersprungenen M), 2M überspr, 2R-DStb vorne, 2R-DStb vorne (hinter die 1. Maschengruppe um die übersprungenen M), 2Stb, 2M überspr, 2R-DStb vorne, 2R-DStb vorne (hinter die 1. Maschengruppe um die übersprungenen M), 2M überspr, 2R-DStb vorne, 2R-DStb vorne (vor die 1. Maschengruppe um die übersprungenen M), ab *wdh, Ende der Rd mit 1KM in die 3. LM vom Anfang

Rd 13: 3LM, 1Stb, 8R-Stb vorne, *2Stb, 8R-Stb vorne, ab * wdh, Ende der Rd mit 1KM in die 3. LM vom Anfang

Die Rd 6-13 stets wdh.

Die Farbwechsel werden mit der Kettmasche am Ende der Rd gemacht.
Das heißt, dass der Faden der bisherigen Farbe abgeschnitten wird (genug Länge dran lassen, damit das Fadenende später vernäht werden kann), und die Kettmasche bereits mit der neuen Farbe häkeln.
Fadenanfang der neuen Farbe und Fadenende der anderen Farbe auf den Rand des Häkelstücks legen und beim 1. Stb der folgenden Rd mit einhäkeln, damit im folgenden die Fäden nicht so locker sitzen, dass sie während des Häkelns wieder rausrutschen können.

Den ersten Farbwechsel von Nr. 17 zu Nr. 35 habe ich mit der Kettmasche zum Abschluss der Rd 9 gemacht. Der zweite Farbwechsel von Nr. 35 zu Nr. 70 fand mit der Kettmasche zum Abschluss der Rd 17 statt.

Das Hauptmuster habe ich bis einschließlich Rd 25 wiederholt.

In Rd 26 findet eine Abnahmerunde statt: 3LM, 1Stb, und dann stets 2Stb zusammen abmaschen.

Danach abmaschen und einen längeren Faden dran lassen.
Die Öffnung der Mütze wird, wie in den Erläuteungen im ersten Kapitel dieses Buchs erklärt, zusammengenäht und geschlossen.
Abschließend alle Fäden vernähen.

Auf der Außenseite am höchsten Punkt der Mütze wird der Druckknopf für den Fell-Pompon angenäht, woran dieser im Anschluss befestigt werden kann.

Hier folgt nun die Häkelschrift:

$\dagger$ = Stäbchen

= 2M überspr, 2R-DStb vorne, 2R-DStb vorne (hinter die 1. Maschengruppe um die überspr. M)

= 2M überspr, 2R-DStb vorne, 2R-DStb vorne (vor die 1. Maschengruppe um die überspr. M)

Longbeanie Welke Rose

Material:

- 1 Bobbel „Welke Rose" (von BobbelBee, 400m/160g; erhältlich bei www.bobbelbee.de)
- Häkelnadel 4,5
- Schere und Wollnadel

Größe: 35cm Höhe; für jeden Kopfumfang individuell anpassbar; hier für den Kopfumfang 54/55cm angegeben

Die Mütze wird in Rd gehäkelt. Jede Rd wird mit 3LM begonnen (zählt als 1. Stb) und mit 1KM in die 3. LM vom Rd-Anfang geschlossen.
1M zun = 2Stb in 1M häkeln

Rd 1: in einen Fadenring 3LM (zählt als 1. Stb) und 11Stb häkeln, mit 1KM schließen (12M)

Rd 2: alle M verdoppeln (= 3LM + 1Stb in die gleiche M, 11x 1M zun), mit 1KM schließen (24M)

Rd 3: 3LM, 1M zun, 11x (1Stb, 1M zun), 1KM (36M)

Rd 4: 3LM, 1Stb, 1M zun, 11x (2Stb, 1M zun), 1KM (48M)

Rd 5: 3LM, 2Stb, 1M zun, 11x (3Stb, 1M zun), 1KM (60M)

Rd 6: 3LM, 3Stb, 1M zun, 11x (4Stb, 1M zun), 1KM (72M)

Rd 7: 3LM, 4Stb, 1M zun, 11x (5Stb, 1M zun), 1KM (84M)

Rd 8: 3LM, 5Stb, 1M zun, 11x (6Stb, 1M zun), 1KM (96M)

Jetzt wird das Hauptmuster gearbeitet:

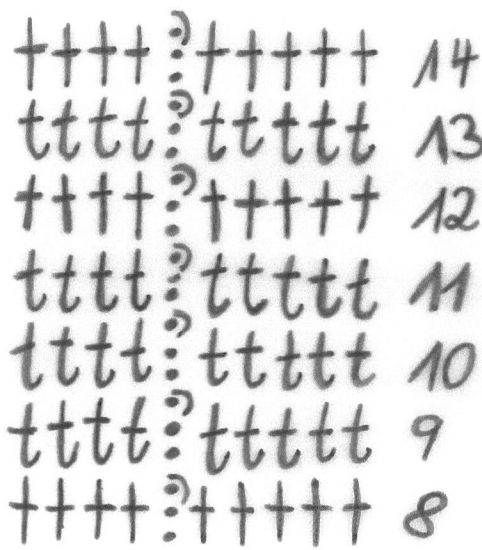

- • = Luftmasche

- ∩ = Kettmasche

- ┼ = Stäbchen

- ƚ = Reliefstäbchen von hinten

- ɟ = Reliefstäbchen von vorne

Rd 9-11: 3LM, 95 Relief-Stb von hinten, 1KM (96)

Rd 12: 3LM, 95Stb, 1KM (96M)

Rd 13: 3LM, 95 Relief-Stb von hinten, 1KM (96)

Rd 14: 3LM, 95Stb, 1KM (96M)

Rd 15-38: Rd 9-14 wdh

Rd 39: 3LM, 95Stb, 1KM (96M)

Ab jetzt wird das Bündchen gearbeitet:

```
t ʃ t ʃ ⁀:ʃ t ʃ t ʃ   41
t ʃ t ʃ ⁀:ʃ t ʃ t ʃ   40
† † † † ⁀:† † † † †   39
```

Rd 40-44: 3LM, *1 Relief-Stb von vorne, 1 Relief-Stb von hinten, ab * wdh bis zum Rd-Ende, 1KM (96M)

Im Anschluss abmaschen, Fadenenden verknoten und vernähen – fertig.

Die Longbeanie hat nicht nur die Funktion, dass sie Kopf und Ohren bei kaltem Wetter warm hält, sondern man kann auch wunderbar mittellange und sehr lange Haare darunter verschwinden lassen, ohne dass sich die Mütze großartig ausbeult – also auch für den sogenannten „Bad Hair Day" wunderbar geeignet.

Zipfelmütze mit Bommel

Material:

- 150g „Sorbet" multicolor (Farbnr. 66) sowie Reste von „Caprice" in hellblau und flieder von Rellana,
- Häkelnadel 6,0,
- Prym Pompon-Set Schablone für Durchmesser 5,5cm,
- Schere, Wollnadel

Diese Mütze ist für jede Größe anpassbar – in diesem Beispiel für Erwachsene mit einem Kopfumfang von ca. 54/55cm.

Beginne mit 64LM, die du mit 1KM zur Runde schließt. Passe hierbei auf, dass sich die LM-Kette nicht in sich verdreht.
Die Maschenzahl muss teilbar sein durch 4 – für diejenigen, die diese Mütze größer oder kleiner häkeln wollen.

Rd 1: 3LM (zählt als 1. Stb), 63Stb, 1KM in die 3. LM vom Anfang (64M)

Rd 2-5: 3LM (zählt als 1. Stb), *1 Relief-Stb von vorne, 1Stb, ab * wdh bis Rd-Ende, beenden mit 1KM in die 3. LM vom Anfang (64M)

Rd 6-11: 3LM (zählt als 1. Stb), 63Stb, 1KM in die 3. LM vom Anfang (64M)

Ab sofort werden nur noch fM gehäkelt in Spiralrunden ohne KM am Ende der einzelnen Rd.

Rd 12: 4x (2M zus.abgem., 14fM) (60M)

Rd 13-17: 60fM (60M)

Rd 18: 4x (2M zus.abgem., 13fM) (56M)

Rd 19-23: 56fM (56M)

Rd 24: 4x (2M zus.abgem., 12fM) (52M)

Rd 25-29: 52fM (52M)

Rd 30: 4x (2M zus.abgem., 11fM) (48M)

Rd 31-35: 48fM (48M)

Rd 36: 4x (2M zus.abgem., 10fM) (44M)

Rd 37-41: 44fM (44M)

Rd 42: 4x (2M zus.abgem., 9fM) (40M)

Rd 43-47: 40fM (40M)

Rd 48: 4x (2M zus.abgem., 8fM) (36M)

Rd 49-53: 36fM (36M)

Rd 54: 4x (2M zus.abgem., 7fM) (32M)

Rd 55-59: 32fM (32M)

Rd 60: 4x (2M zus.abgem., 6fM) (28M)

Rd 61-65: 28fM (28M)

Rd 66: 4x (2M zus.abgem., 5fM) (24M)

Rd 67-71: 24fM (24M)

Rd 72: 4x (2M zus.abgem., 4fM) (20M)

Rd 73-77: 20fM (20M)

Rd 78: 4x (2M zus.abgem., 3fM) (16M)

Rd 79-83: 16fM (16M)

Rd 84: 4x (2M zus.abgem., 2fM) (12M)

Rd 85-89: 12fM (12M)

Rd 90: 4x (2M zus.abgem., 1fM) (8M)

Rd 91-95: 8fM (8M)

Rd 96: 4x 2M zus.abgem. (4M)

1KM, abmaschen, Öffnung zunähen.

Mit Caprice in hellblau und flieder den Pompon anfertigen und an die Spitze der Zipfelmütze annähen.

Mütze Streifenhörnchen

Material:

- 2 Knäule à 50g (= 100g) „Merino extrafine 120" von Rellana, in der Farbe Nr. 13 (petrol); erhältlich in meinem Online-Shop auf www.romyfischer.de
- Häkelnadel 4,0
- Schere und Wollnadel
- Ggf. Maßband

Größe: für jede Größe anpassbar, egal ob für Kinder oder Erwachsene

Ich habe 80LM gehäkelt (die Maschenzahl muss zunächst unbedingt teilbar durch 2 sein) und mit 1KM zur Rd geschlossen.

Zunächst beginnst du mit dem Bündchen

Rd 1: 3LM (zählt als 1Stb), in jede M 1Stb häkeln = insgesamt 80Stb, mit 1KM in die 3. LM vom Anfang zur Rd schließen

Rd 2-4: 2LM (zählt als 1. R-Stb), *1R-Stb vorne, 1R-Stb hinten, ab * wdh, mit 1KM in die 2. LM vom Anfang zur Rd schließen

In Rd 5 wird nochmal eine Grundrunde gehäkelt.

Aber Achtung: die Maschenzahl muss gleich teilbar sein durch 6. Ist deine bisherige Maschenzahl nicht teilbar durch 6, solltest du entsprechend in Rd 5 entweder Abnahmen häkeln oder Zunahmen. Da ich bisher 80 Maschen hatte, habe ich mich dafür entschieden, auf 84 hochzugehen, denn 80 ist nicht teilbar durch 6. Also musste ich verteilt über die ganze Runde 5 insgesamt 4M zunehmen. Wäre ich auf 88 hochgegangen, hätte ich natürlich noch 8M zunehmen müssen in Rd 5.

Hinweis: Nimm nicht zu viele Maschen ab. Sollte es sich um 1 bis maximal 3M handeln, ist es ok, aber ansonsten könnte die Mütze dann zu eng werden. Dann entscheide dich lieber für die nächst höhere Zahl.

Die Zu- oder Abnahmen bitte nicht alle direkt hintereinander häkeln, sondern gleichmäßig verteilt über die gesamte Runde.

Zunahmen: 2Stb in 1M häkeln

Abnahmen: 1Stb zur Hälfte abmaschen, in die nächste M 1Stb häkeln und zur Hälfte abmaschen. Dann hat man 3 Schlaufen auf der Nadel, die alle zusammen abgemascht werden.

Rd 5: 3LM, in jede M 1 Stb und am Ende mit 1KM in die oberste LM vom Anfang zur Rd schließen

Es kann sein – falls du ein anderes Garn und eine andere Nadelstärke verwendest, dass du vielleicht mehr oder weniger Runden für das Bündchen gehäkelt hast, bis es deine Wunschhöhe erreicht hat.

Damit niemand beim Rundenzählen durcheinanderkommt, beginne ich für das Hauptmuster bei der Rundenzählung ab jetzt wieder bei 1 – so ist es für alle am einfachsten.

Das Hauptmuster:

Rd 1: 3LM, 3Stb, *1M überspr, 1R-Stb vorne, 1R-Stb vorne um die übersprungene M, 4Stb, ab * wdh, Ende mit 3Stb, 1KM in 3. LM vom Anfang

Rd 2: 3LM, 3Stb, *2R-Stb vorne, 4Stb, ab * wdh, Ende mit 3Stb, 1KM in die 3. LM vom Anfang

Die Runden 1 und 2 vom Hauptmuster werden stets wiederholt.
Ich habe das Hauptmuster insgesamt 20 Runden gehäkelt.

Hier folgt die Häkelschrift für das Hauptmuster:

++++↓↓ 2
++++↓↓ 1

$+$ = Stäbchen

$↓$ = Relief-Stäbchen vorne

1M überspr, 1R-Stb vorne,
= 1R-Stb vorne um die
übersprungene M

Nach der letzten KM mit 1LM abmaschen und einen langen Faden dranlassen (ca. 50cm).
Die Mütze auf links drehen, so dass die Innenseite nach außen zeigt.

Nun wird oben die Öffnung geschlossen, wie bereits im Erläuterungskapitel am Anfang des Buches erklärt.

Mütze Wunderwelt

Material:

- 3 Knäule à 50g (= 150g) „Merino extrafine 120" von Rellana, in der Farbe Nr 56; erhältlich in meinem Online-Shop auf www.romyfischer.de
- Häkelnadel 4,0
- Schere und Wollnadel
- Ggf. Maßband

Größe: für jede Größe anpassbar, egal ob für Kinder oder Erwachsene

Ich habe 84LM gehäkelt (die Maschenzahl muss unbedingt teilbar durch 12 sein) und mit 1KM zur Rd geschlossen.

Zunächst beginnst du mit dem Bündchen

Rd 1: 3LM (zählt als 1Stb), in jede M 1Stb häkeln = insgesamt 80Stb, mit 1KM in die 3. LM vom Anfang zur Rd schließen

Rd 2-4: 2LM (zählt als 1. R-Stb), *1R-Stb vorne, 1R-Stb hinten, ab * wdh, mit 1KM in die 2. LM vom Anfang zur Rd schließen

In Rd 5 wird nochmal eine Grundrunde gehäkelt, bevor ab Rd 6 das Hauptmuster gehäkelt wird.

Rd 5: 3LM, danach in jede M = 1Stb, am Ende mit 1KM in die 3. LM vom Anfang zur Rd schließen

Das Hauptmuster:

Rd 6: 3LM, 1Stb, 2M überspr, 2R-DStb vorne, 2R-DStb vorne (vor die 1. Maschengruppe um die übersprungenen M), 2Stb, 4R-Stb vorne, *2Stb, 2M überspr, 2R-DStb vorne, 2R-DStb vorne (vor die 1. Maschengruppe um die übersprungenen M), 2Stb, 4R-Stb vorne, ab * wdh, Ende der Rd mit 1KM in die 3. LM vom Anfang

Rd 7: 3LM, 1Stb, 4R-Stb vorne, *2Stb, 4R-Stb vorne, ab * wdh, Ende der Rd mit 1KM in die 3. LM vom Anfang

Rd 8: 3LM, 1Stb, 2M überspr, 2R-DStb vorne, 2R-DStb vorne (vor die 1. Maschengruppe um die übersprungenen M), 2Stb, 4R-Stb vorne, *2Stb, 2M überspr, 2R-DStb vorne, 2R-DStb vorne (vor die 1. Maschengruppe um die übersprungenen M), 2Stb, 4R-Stb vorne, ab * wdh, Ende der Rd mit 1KM in die 3. LM vom Anfang

Rd 9: 3LM, 1Stb, 4R-Stb vorne, *2Stb, 4R-Stb vorne, ab * wdh, Ende der Rd mit 1KM in die 3. LM vom Anfang

Rd 10: 3LM, 1Stb, 2M überspr, 2R-DStb vorne, 2R-DStb vorne (vor die 1. Maschengruppe um die übersprungenen M), 2Stb, 4R-Stb vorne, *2Stb, 2M überspr, 2R-DStb vorne, 2R-DStb vorne (vor die 1. Maschengruppe um die übersprungenen M), 2Stb, 4R-Stb vorne, ab * wdh, Ende der Rd mit 1KM in die 3. LM vom Anfang

Rd 11: 3LM, 1Stb, 4R-Stb vorne, *2Stb, 4R-Stb vorne, ab * wdh, Ende der Rd mit 1KM in die 3. LM vom Anfang

Rd 12: 3LM, 1Stb, 2M überspr, 2R-DStb vorne, 2R-DStb vorne (vor die 1. Maschengruppe um die übersprungenen M), *2Stb, 2M überspr, 2R-DStb vorne, 2R-DStb vorne (vor die 1. Maschengruppe um die übersprungenen M), ab * wdh, Ende der Rd mit 1KM in die 3. LM vom Anfang

Rd 13: 3LM, 1Stb, 4R-Stb vorne, *2Stb, 4R-Stb vorne, ab * wdh, Ende der Rd mit 1KM in die 3. LM vom Anfang

Rd 14: 3LM, 1Stb, 4R-Stb vorne, 2Stb, 2M überspr, 2R-DStb vorne, 2R-DStb vorne (vor die 1. Maschengruppe um die übersprungenen M), *2Stb, 4R-Stb vorne, 2Stb, 2M überspr, 2R-DStb vorne, 2R-DStb vorne (vor die 1. Maschengruppe um die übersprungenen M)

Rd 15: 3LM, 1Stb, 4R-Stb vorne, *2Stb, 4R-Stb vorne, ab * wdh, Ende der Rd mit 1KM in die 3. LM vom Anfang

Rd 16: 3LM, 1Stb, 4R-Stb vorne, 2Stb, 2M überspr, 2R-DStb vorne, 2R-DStb vorne (vor die 1. Maschengruppe um die übersprungenen M), *2Stb, 4R-Stb vorne, 2Stb, 2M überspr, 2R-DStb vorne, 2R-DStb vorne (vor die 1. Maschengruppe um die übersprungenen M)

Rd 17: 3LM, 1Stb, 4R-Stb vorne, *2Stb, 4R-Stb vorne, ab * wdh, Ende der Rd mit 1KM in die 3. LM vom Anfang

Rd 18: 3LM, 1Stb, 4R-Stb vorne, 2Stb, 2M überspr, 2R-DStb vorne, 2R-DStb vorne (vor die 1. Maschengruppe um die übersprungenen M), *2Stb, 4R-Stb vorne, 2Stb, 2M überspr, 2R-DStb vorne, 2R-DStb vorne (vor die 1. Maschengruppe um die übersprungenen M)

Rd 19: 3LM, 1Stb, 4R-Stb vorne, *2Stb, 4R-Stb vorne, ab * wdh, Ende der Rd mit 1KM in die 3. LM vom Anfang

Rd 20: 3LM, 1Stb, 2M überspr, 2R-DStb vorne, 2R-DStb vorne (vor die 1. Maschengruppe um die übersprungenen M), *2Stb, 2M überspr, 2R-DStb vorne, 2R-DStb vorne (vor die 1. Maschengruppe um die übersprungenen M), ab * wdh, Ende der Rd mit 1KM in die 3. LM vom Anfang

Rd 21: 3LM, 1Stb, 4R-Stb vorne, *2Stb, 4R-Stb vorne, ab * wdh, Ende der Rd mit 1KM in die 3. LM vom Anfang

Die Rd 6-11 1x wdh

Im Anschluss wird 1Rd Abnahmen gehäkelt: 3LM, 1Stb, und dann stets 2Stb zusammen abmaschen.

Danach abmaschen und einen längeren Faden dran lassen.
Die Öffnung der Mütze wird, wie in den Erläuteungen im ersten Kapitel dieses Buchs erklärt, zusammengenäht und geschlossen.
Abschließend alle Fäden vernähen.

Hier folgt nun die Häkelschrift:

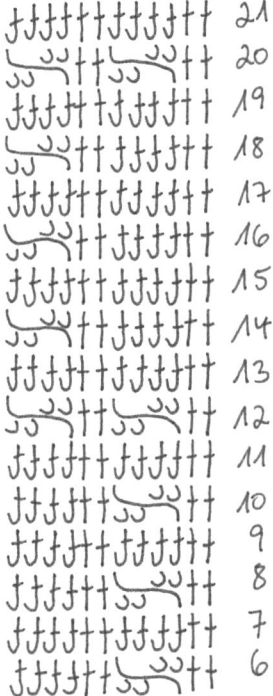

$+$ = Stäbchen

$\int$ = Relief-Stäbchen vorne

= 2M überspr, 2R-DStb vorne, 2R-DStb vorne (vor die 1. Maschengruppe um die überspr. M)

Mütze Wanderlust

Material:

- 3 Knäule à 50g (= 150g) „Merino Big" von Rellana, in der Farbe Nr 56 (royal); erhältlich in meinem Online-Shop auf www.romyfischer.de
- Häkelnadel 5,0
- Schere und Wollnadel
- Ggf. Maßband

Größe: für jede Größe anpassbar, egal ob für Kinder oder Erwachsene

Ich habe 70LM gehäkelt (die Maschenzahl muss unbedingt teilbar durch 10 sein) und mit 1KM zur Rd geschlossen.

Zunächst beginnst du mit dem Bündchen

Rd 1: 3LM (zählt als 1Stb), in jede M 1Stb häkeln = insgesamt 80Stb, mit 1KM in die 3. LM vom Anfang zur Rd schließen

Rd 2+3: 2LM (zählt als 1. R-Stb), *1R-Stb vorne, 1R-Stb hinten, ab * wdh, mit 1KM in die 2. LM vom Anfang zur Rd schließen

In Rd 4 wird nochmal eine Grundrunde gehäkelt, bevor ab Rd 6 das Hauptmuster gehäkelt wird.

Rd 4: 2LM, danach in jede M = 1hStb, am Ende mit 1KM in die 3. LM vom Anfang zur Rd schließen

Nun beginnt das Hauptmuster:

Rd 5: 2LM, *2M überspr, 2R-DStb vorne, 2R-DStb vorne (vor die 1. Maschen-gruppe um die übersprungenen M), 6hStb, ab * wdh, Ende der Runde mit 5hStb und 1KM in die 2. LM vom Anfang

Rd 6: 2LM, *4R-Stb vorne, 6hStb, ab * wdh, Ende der Runde mit 5hStb und 1KM in die 2. LM vom Anfang

Die Runden 5 + 6 stets wiederholen.

Ich habe Rd 5 + 6 insgesamt 9x wiederholt.

Im Anschluss folgt noch einmal eine Grundrunde: 2LM, in jede M = 1hStb und am Ende der Runde mit 1KM in die 2. LM vom Anfang schließen.

Nach der letzten KM mit 1LM abmaschen und einen langen Faden dranlassen (ca. 50cm).
Die Mütze auf links drehen, so dass die Innenseite nach außen zeigt.

Nun wird oben die Öffnung geschlossen, wie bereits im Erläuterungskapitel am Anfang des Buches erklärt.

$\dagger$ = Reliefstäbchen von vorne

T = halbes Stäbchen

= 2M überspr, 2 R-DStb vorne, 2R-DStb vorne (vor die 1. Maschemgruppe um die überspr. M)

Weitere Bücher

Diese und noch viele weitere Titel sind im Buchhandel (auch online, auch als E-Book erhältlich.

  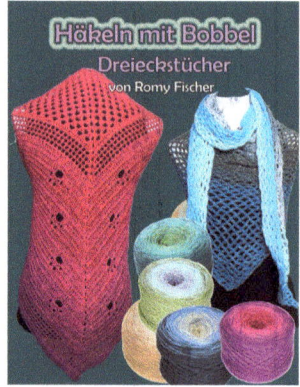

  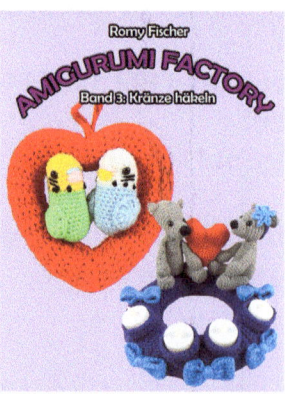